ORAISON FUNÈBRE

DE

M. LE COMTE DE SAISY

Par M. l'Abbé LE GRAËT

CHANOINE HONORAIRE

SUPÉRIEUR DU PETIT-SÉMINAIRE DE PLOUGUERNEVEL,

Prononcée dans l'église paroissiale de Glomel, (Côtes-du-Nord),

LE 7 JANVIER 1869.

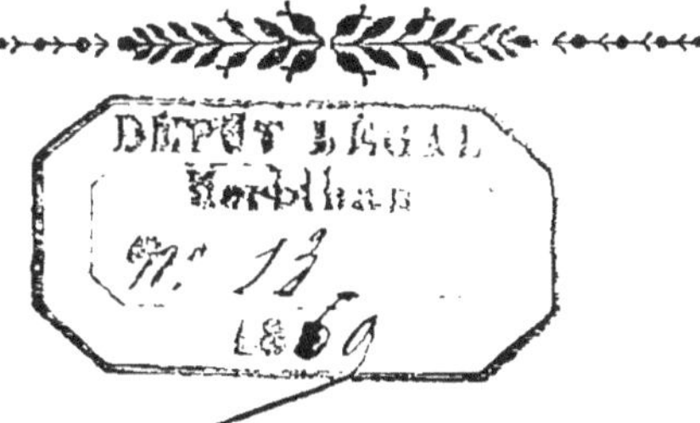

VANNES

IMPRIMERIE DE L. GALLES, RUE DE LA PRÉFECTURE.

1869.

AQUILA NON CAPIT MUSCAS
QUI EST FORT
SAISY EST
HILDEBRAND SC.

ORAISON FUNÈBRE

DE

M. LE COMTE DE SAISY.

MES FRÈRES,

Il est des moments dans la vie, où, comme Josué, l'on voudrait arrêter la marche du temps et lui dire : *Tu n'iras pas plus loin!* C'est lorsque la mort nous menace dans nos plus chères affections ; c'est lorsqu'à nos côtés elle va frapper l'un de ces coups terribles, qui éveillent toujours dans notre cœur un douloureux écho. Et si la victime qu'elle se prépare à précipiter dans la tombe appartient à la race de ces hommes forts et généreux, qui se signalèrent au service de leur pays et de leur foi, alors ce n'est plus seulement une famille particulière qui est dans l'affliction ; c'est toute une contrée qui s'émeut, qui s'inquiète, et qui, si la mort lui ravit son bienfaiteur, vient pleurer et prier auprès de son cercueil.

N'est-ce pas là le spectacle que nous avons aujourd'hui sous les yeux? Que vois-je en effet autour de ce catafalque? L'élite de la noblesse et de la bourgeoisie de notre pays, un nombreux clergé, d'honorables cultivateurs, des pauvres reconnaissants ; en un mot toutes les classes de la société et toutes les opinions réunies dans un même sentiment de regret : touchante unanimité bien faite pour consoler les dignes enfants de celui que nous pleurons avec eux, bien faite aussi pour prouver une fois de plus que, dans notre pays de Bretagne, terre de loyauté et d'honneur, les belles et bonnes actions, les grands et nobles caractères sont toujours estimés à leur juste valeur.

Au témoignage de l'Esprit-Saint, l'éloge est bien placé sur la tombe de l'homme fidèle, car telle est l'heureuse destinée de l'homme de bien, de celui qui aima Dieu et son pays, que du fond même du tombeau, il travaille encore, par le seul souvenir de ses œuvres, à la gloire de l'un et au bonheur de l'autre.

Qu'il me soit donc permis de rappeler quelques-unes des belles qualités et des vertus de M. Emmanuel-Joseph-Marie comte DE SAISY, dont la mémoire nous réunit en ce saint lieu.

Un prélat, qui sait si bien apprécier les hommes et les choses, répondant à l'annonce de la mort de M. le comte de Saisy, a écrit ces mots si justes et si vrais : *Nous perdons un grand caractère et l'un des plus nobles cœurs de Bretagne.* La grandeur du caractère, l'énergie de la volonté, voilà bien en effet le trait saillant de la physionomie de M. de Saisy; la grandeur du caractère, qualité toujours estimable, mais admirable et précieuse surtout à notre époque où l'on se plaint souvent, non sans raison peut-être, de l'amoindrissement des âmes. Oui, dans un siècle où ont abondé les lâchetés, les trahisons, les tristes défaillances, les demi-caractères, les demi-volontés, les demi-consciences, c'est quelque chose d'admirable qu'un homme qui, fidèle à la devise : *fais ce que dois, advienne que pourra*, suit sa ligne sans jamais dévier. Gentilhomme dans toute la force du terme, Monsieur le comte de Saisy, ne transigea jamais avec ce qu'il regardait comme un devoir, jamais avec la conscience; toujours prêt à confesser hautement sa foi politique et sa foi religieuse, à les soutenir par la parole et au besoin par l'action. Il est vrai, pour ne pas faire mentir le sang qui coulait dans ses veines, il était obligé, si je puis m'exprimer ainsi, de pousser le courage et le dévouement jusqu'à l'héroïsme.

Sa famille en effet remonte par les femmes, à Jeanne du Guesclin, tante du bon connétable. Quand il naquit au manoir de Kuscar, en Lanéanou (1), le 29 janvier 1793, son père était renfermé dans les prisons de la Terreur, et sa mère réduite à se cacher

(1) Il était fils de Messire Emmanuel-Joseph-Marie comte de Saisy et de Marie-Anne-Marthe de Rospiec.

au Guerlesquin, auprès de la prison de son mari, qui ne fut délivré que par la réaction du 9 thermidor. Son plus lointain souvenir était d'avoir été souvent, vers l'âge de 5 à 6 ans, placé en sentinelle au coin de quelques champs de genêts, pendant que sa mère se confessait à quelque prêtre qui avait pu échapper aux poursuites et aux recherches des révolutionnaires. C'est sans doute cette femme, dont le courage égalait la piété, qui lui inspira ces principes d'inflexible droiture et ces sentiments chevaleresques qui ont fait l'honneur de sa vie. C'est elle aussi qui alluma en lui cet ardent, cet inextinguible amour dont il ne cessa de brûler pour la France et pour l'Église :

Pour la France ; oui, Mes Frères, car il a versé son sang pour elle.

C'était en 1812. Le canon grondait sourd et menaçant au fond de l'Allemagne : c'étaient les débris de la grande armée, qui sauvés des neiges de la Russie, essayaient dans une lutte désespérée de contenir les masses poussées vers nos frontières par l'Europe coalisée. Le jeune de Saisy venait de terminer avec distinction ses études au collége de Quimper. N'écoutant que la voix de son patriotisme, il part, entre dans le 3e régiment des gardes d'honneur et court sous les ordres du comte Philippe de Ségur prendre sa part de péril et de gloire aux fameuses journées de Lutzen, Bautzen, Leipsick, Hanau.

Au passage du Rhin, par une nuit glaciale dans le mois de décembre 1813, il se jette seul dans une barque et sauve sous le feu de l'ennemi cinq carabiniers français et un officier qui, abandonnés dans une île du fleuve, allaient y périr ou être faits prisonniers. C'est cette action d'éclat qui valut plus tard à M. le comte de Saisy, la croix de la Légion-d'honneur que nous avons vu briller sur sa poitrine.

La campagne de France commence, et le jeune garde d'honneur blessé d'une balle à la jambe, au combat de Ligny, et deux jours après d'un coup de lance à la poitrine, est fait prisonnier par une bande de cosaques; mais sous leurs yeux et avant de se rendre, il tue son cheval, ne voulant pas qu'il serve à ceux qui combattaient son pays.

Cependant, alors qu'il est captif, les événements suivent leur cours. Le géant qui avait tenu presque toute l'Europe sous ses lois, qui avait fait et défait les rois, disparaît à son tour, et l'antique dynastie des Bourbons remonte sur le trône.

C'était pour cette dynastie que les siens avaient lutté et souffert; c'est pour elle aussi qu'il luttera désormais de toutes ses forces et saura souffrir.

Devenu libre et guéri, en 1814, il revient en France avec le comte d'Artois, et entre dans la compagnie des gardes-du-corps, commandée par le duc de Wagram. Les *Cent-jours* arrivent, les Bourbons sont obligés de quitter de nouveau la France. Le comte de Saisy, après avoir essayé vainement de rejoindre le roi à Gand, retourne en Bretagne (1).

Bientôt, sous la Restauration, nous le voyons conseiller d'arrondissement et maire de Glomel, où les gigantesques travaux du canal avaient aggloméré un grand nombre d'ouvriers et de condamnés militaires, qui rendirent souvent utile la fermeté du premier magistrat. On peut sans exagération constater qu'à partir de ce moment, Monsieur le comte de Saisy a toujours été au premier plan dans notre Cornouaille, mettant vaillamment la main à l'œuvre pour déblayer le sol des ruines amoncelées par la tempête révolutionnaire, travaillant avec ardeur à la consolidation de l'édifice social. C'est alors qu'appuyé sur une popularité dont on a peu d'exemple et qu'il devait à son entrain plein de verve et d'aménité, à sa connais-

(1) Il servit sous les ordres du chevalier de Silz, dans les rangs de ces Français qui cherchaient à éviter une seconde invasion.

Nommé au commandement d'un bataillon, il est fait prisonnier, et conduit, chargé de fers, à Saint-Brieuc; le retour des Bourbons lui sauva la vie.

En 1830, il fut arrêté une seconde fois, mais les prisons de Louis-Philippe le trouvèrent aussi inflexible que les conseils de guerre du premier Empire. — Aujourd'hui, pour défendre ses opinions, le vote a remplacé l'épée, mais des manifestations encore récentes nous prouvent que le peuple s'éclaire parfois devant les vaillantes mémoires de ceux qui mettent leur vie au service des convictions honnêtes.

(Le Breton).

sance parfaite de la langue, des mœurs, des besoins de nos populations rurales et à son dévouement à leurs intérêts, il conquit cette position si élevée dans l'estime de ses concitoyens et acquit sur eux cet irrésistible ascendant qu'il conserva jusques dans ses dernières années (1).

En 1826, M. le comte de Saisy épousa Mlle Agathe d'Andigné, fille du comte d'Andigné de Mayneuf, premier président de la Cour d'Angers, nièce de l'Évêque de Nantes et petite-fille du marquis de Robien, tirant ainsi son origine de deux familles où la bonté, la vertu, les nobles caractères sont héréditaires comme l'intelligence et l'illustration. La mémoire de cette femme éminente, qui mourut en 1839, vit encore dans notre pays, et ceux qui l'ont connue subissent encore dans leurs souvenirs (il m'a été donné d'en faire la preuve), l'attrait de ses aimables qualités et de ses solides vertus. Sa mort fut une blessure cruelle pour le comte de Saisy, et il la porta saignante jusqu'à la fin de sa vie.

Cependant une nouvelle révolution éclate en France; 1830 arrive, et les souverains auxquels M. le comte

(1) Rien ne pourrait exprimer la popularité dont il jouit alors : son entrain, l'aimable caractère qu'il montrait à tous, cette langue bretonne qu'il ne parlait jamais sans faire tressaillir ceux qui l'entendaient, tout, jusqu'à cette beauté et cette force physiques dont beaucoup se souviennent encore, lui donnait dans son pays une autorité sympathique qu'il était difficile de mieux placer. *Id.*

de Saisy a voué son affection, sont contraints, devant l'émeute triomphante, de reprendre le chemin de l'exil. Que fera le comte de Saisy, lui qui est maintenant dans la maturité de l'âge, lui qui a le sentiment du bien dont il est capable, lui qui sent dans son âme un besoin d'activité qui la dévore ? Se ralliera-t-il au nouveau gouvernement? Sa conscience lui dit que les principes dans lesquels il a été élevé et a grandi, que le respect dû à la foi du serment ne le lui permettent pas ; dès-lors, quelque pénible que soit le sacrifice, il le fera à ses convictions, il rentrera dans la vie privée ; et ses adversaires mêmes durent du moins rendre justice à sa loyauté d'âme, à sa fermeté de caractère et à la pureté de ses intentions. Mais va-t-il se concentrer en lui-même, se contenter des joies de la famille, confiné et inactif dans son château de Kersaint-Eloy ?

Non, mes Frères, M. le comte de Saisy ne sera jamais du nombre de ces hommes qui mangent leur pain dans l'oisiveté et dans l'égoïsme. Son pain, il le partagera avec le pauvre, avec l'ouvrier, et les loisirs que lui fait la politique, il saura les rendre utiles à son pays. Il est vrai que l'action du fier gentilhomme ne s'exercera plus dans la même sphère qu'autrefois; mais qu'importe ? il restera toujours un assez vaste théâtre à son zèle infatigable pour le bien. De son château de Kersaint-Eloy il regarde autour de lui, et qu'aperçoit-il? Par delà ces profonds étangs, par delà ces grands bois qui forment à sa demeure comme une riante ceinture, il voit nos Montagnes-Noires, avec leurs vallées incultes et leurs sommets arides que couronnent les nuages, et il se dit : Ces vallées réclament des bras qui les fertilisent, c'est moi qui les leur donnerai; ces sommets, il faut qu'ils se revêtent d'un manteau de verdure; pour cela il y aura de grands efforts à tenter, de grands sacrifices à faire. Tant mieux! ces efforts et ces sacrifices me reviennent de droit. Noblesse oblige, propriété oblige. En avant! et que les hommes intelligents me suivent! Eh bien! a-t-il marché en avant? A-t-il tenu parole? Ici ce sont les faits qui répondent, et certes leur réponse est éloquente. Il ne m'appartient pas d'entrer dans les détails que vous connaissez mieux que moi, d'une lutte de quarante ans contre une terre ingrate, une nature rebelle; mais devant les merveilleux résultats qui en ont été comme la récompense, je ne puis rester indifférent à ce spectacle de l'homme, sacré par Dieu roi de la création et reprenant sur elle son empire brisé par le péché. Je ne puis ne pas être saisi d'une religieuse admiration, en contemplant dans quelle large mesure Dieu départit à qui il lui plaît l'énergie, la persévérance nécessaire à l'accomplissement de toute œuvre vraiment grande, vraiment utile. Les comices de Rostrenen et de Maël-Carhaix, que M. le comte de

Saisy a présidés si longtemps, pourraient nous dire quels progrès il a fait faire à l'agriculture dans nos contrées, par ses exemples, ses leçons, ses démarches bienveillantes et ses sacrifices personnels pour l'introduction de tous les moyens de perfectionnement.

Je sais que M. le comte de Saisy a dans notre pays et dans sa famille des imitateurs et des émules. Puisse-t-il en être toujours ainsi ! C'est un vœu que je forme, et pour le bonheur de mon pays, et pour le prestige des hautes classes de la société elles-mêmes. Qu'elles ne l'oublient pas, c'est en se rapprochant du peuple, c'est en travaillant sous ses yeux à sa prospérité, qu'elles parviendront à étouffer dans son âme cette jalousie instinctive qui le porte à maudire toute supériorité. C'est ainsi qu'elles gagneront sa confiance, et que, dans des moments de crise, elles pourront compter sur lui. Le peuple, en effet, ne discute pas, ne raisonne pas ; mais il a la mémoire du cœur, et il l'a bien prouvé à M. le comte de Saisy. Lorsqu'en 1851 il fut porté comme candidat à l'Assemblée législative, les cantons de Rostrenen et de Maël-Carhaix lui donnèrent l'unanimité de leurs suffrages, moins 7 voix ; 4,000 voix contre 7, quel éclatant témoignage d'estime, de confiance et de reconnaissance (1).

(1) En 1852, il donna sa démission de membre du conseil général.

Ce simple et rapide coup-d'œil jeté sur la carrière de M. le comte de Saisy suffit, je pense, à vous montrer que la vie qui vient de s'éteindre n'a pas été inutile pour la patrie. Mais il est une autre patrie que celle de la terre, c'est la patrie des âmes, la patrie du ciel, patrie qui de nos jours est trop souvent méconnue et laissée de côté. Et pourtant est-ce que le titre de citoyen du ciel ne vaut pas la peine que l'on tache de le mériter ? Car enfin qu'est-ce qui ennoblit notre être ? Qu'est-ce qui nous met au front une couronne de gloire et d'honneur ? Notre baptême, qui nous élève au-dessus de nous-mêmes et qui fait de nous les jeunes frères des anges ; alors notre esprit est comme imprégné de lumière, car il est le tabernacle, réel quoique invisible, de l'Esprit même de Dieu. Alors aussi notre volonté acquiert la dureté du chêne ; car ce sont les fortes convictions qui font les caractères forts ; et c'est la religion seule qui fait les vertus civiques comme les vertus chrétiennes. Aussi, là où le niveau de la foi baisse, qu'apercevons-nous ? Un affaissement général des âmes ; le tempérament moral se débilite, s'appauvrit ; les caractères se pulvérisent au premier souffle du vent, au premier contact de l'air. De la part de ces hommes, n'attendez aucune générosité, aucun beau dévouement : ce sont là des mots qu'ils ne comprennent pas. Il en était autrement de M. le comte de Saisy. Mais aussi, quel ferme chrétien !

quel rude chrétien ! rude pour lui-même, rude aussi pour les ennemis de sa religion. Oh ! ce n'était pas devant lui qu'on pouvait, le sarcasme sur les lèvres, lancer impunément l'insulte à Dieu, à ses ministres, aux choses saintes. Il les respectait trop lui-même pour permettre qu'en sa présence on leur manquât de respect. Alors le descendant des anciens preux se rappelait le serment que faisaient ses pères en ceignant l'épée de chevalier, de défendre les veuves, les orphelins, tout ce qui est faible et écrasé sous les pieds du monde, et quand il voyait l'Église, cette illustre veuve, qui, depuis le Calvaire, pleure son divin Époux, quand il la voyait raillée, bafouée par quelqu'un des fils de Voltaire, lui, croisé d'une nouvelle espèce, s'écriait comme le connétable Bertrand : *Rendons gloire à Dieu et sauvons notre âme.* Et alors le front haut, le verbe impérieux, il demandait, et au besoin exigeait qu'on n'outrageât pas ses convictions les plus chères et les plus saintes ; et nos Sarrazins modernes en étaient réduits à se taire ou à redire en se retirant cette parole du Soudan d'Égypte en face de saint Louis : *Jamais nous n'avions rencontré un si fier chrétien.* Le bruit de ces vigoureuses leçons, appliquées publiquement à qui affichait l'impiété en public, se répandait rapidement dans les campagnes et augmentait, en même temps que le respect pour les choses saintes et l'amour de la vérité, la vénération de tous pour M. le comte de Saisy.

Ces démonstrations éclatantes annonçaient chez M. de Saisy une foi vive et un profond sentiment chrétien. Et en effet, c'était un chrétien pratiquant et agissant. Que d'hommes, hélas ! autour de nous, qui professent une certaine estime de nos dogmes, qui rendent volontiers aux maximes de l'Évangile quelques hommages partiels, mais pour lesquels on tremble cependant quand on entend la terrible parole de Notre Seigneur : *Nescio vos, je ne vous connais pas*. C'est que le christianisme ne doit pas s'arrêter ainsi aux surfaces, le christianisme est quelque chose de plus intime, de plus profond. La première condition pour arriver à Dieu, c'est la foi, mais la foi vivifiée par la prière et devenant la directrice suprême de nos actes. Or, telle était la foi de M. le comte de Saisy. Que sa famille veuille bien me permettre de révéler, pour l'édification publique, ce trait de sa vie privée et intime. M. de Saisy avait conservé la louable habitude de dire la prière en commun, au milieu de sa famille et du personnel de sa maison. Hélas ! cette sainte habitude, autrefois générale dans toutes les familles chrétiennes, se perd de plus en plus, et c'est un malheur. Parce qu'on ne prie plus en commun, on ne sait pas, on n'aime pas prier en son particulier. Jeune, on n'a pas encore appris ; grand, on n'a pas le temps ; vieux, on ne sait plus. La prière ! c'est le soupir de la famille chrétienne, l'accent de sa piété, le témoignage de sa foi. Il n'y a plus de christianisme dans une maison où l'on ne prie pas ; le pouls de la vie chrétienne a cessé de battre en elle ; pour elle est tarie la source des grâces ; certes, cette maison-là n'est pas la maison de Dieu. Au contraire, le Seigneur descend avec ses Anges au milieu d'une famille qui est en prière. Il y descend pour écouter ses vœux et recueillir ses soupirs, pour la bénir et la consoler. Le ciel s'abaisse sur elle pour la couvrir de sa protection ; il peut l'éprouver, mais l'abandonner, jamais ! Sans doute, dans le cours d'une longue vie, quelques fragilités, quelques négligences peuvent se glisser, mais l'habitude de la prière entretient la foi, la sauve du naufrage et appelle à temps les grâces du Dieu qui absout et qui pardonne, qui bénit et qui récompense le repentir.

La foi de M. de Saisy, nourrie par la prière, se manifestait par les œuvres de la vie chrétienne et par les œuvres de la charité. Oui, M. de Saisy était un chrétien pratiquant : vous le direz avec moi, vénérable pasteur de cette paroisse, qui l'avez vu si souvent dans votre église, donnant à tous l'exemple du recueillement pendant les saints offices, vous qui trouviez en lui un modèle des qualités qu'exige le gouvernement d'une maison. Vous le direz avec moi, pieux habitants de Glomel, qui, dans des retraites, des missions, l'avez vu agenouillé dans la foule, gardant au milieu de vous et comme chacun de vous son rang auprès du tribunal sacré; car M. le comte de Saisy faisait toujours les choses simplement et grandement; il ne connaissait pas les faux-fuyants. Il ne craignait pas, comme tant d'autres, que recevoir les sacrements parût ressembler à de la faiblesse d'esprit. Recevoir les sacrements, participer au pain Eucharistique! mais n'est-ce pas là au contraire se retremper dans l'élément surnaturel? N'est-ce pas là se replonger dans la fontaine de son baptême? Des sentiments si chrétiens ouvraient naturellement le cœur de M. de Saisy à la charité. Nous l'avons vu s'intéresser activement au sort des classes laborieuses; et les pauvres accourus en foule à ses obsèques ont montré tout à la fois et qu'il avait soulagé bien des misères et qu'il n'avait pas obligé des ingrats. Laissez-moi vous dire maintenant comment il prenait part aux bonnes œuvres, et permettez-moi de payer une dette de reconnaissance personnelle à sa mémoire vénérée. Il est au fond de cette terre que nous habitons un vieil établissement religieux qui a contribué puissamment à éclairer et à civiliser notre pays, à donner de la vie et de l'âme à ces cantons éloignés de tout centre d'éducation, je veux parler du petit-séminaire de Plouguernevel. M. de Saisy, qui avait les sentiments des grandes choses, a toujours compris l'importance de cette maison, et l'a toujours honorée de sa sympathie et de témoignages du plus bienveillant intérêt. Chaque année, il venait rehausser par sa présence l'éclat de nos fêtes scolaires et paraissait heureux d'applaudir aux succès de nos élèves, en qui il voyait l'espoir de la patrie et de la religion. Lorsque nommé supérieur de cet établissement, j'allai présenter mes hommages à celui que nous comptions parmi ses plus honorables et plus anciens amis, il me parla, avec bonté, de la nécessité urgente de donner à notre maison une nouvelle extension et de la souscription ouverte pour suppléer à l'insuffisance de nos ressources; et spontanément voulut y prendre une large part avec cette générosité qu'il savait déployer pour les œuvres qui lui étaient chères. Noble comte, les remerciements que je vous adressai alors avec toute l'effusion de mon cœur, j'étais loin de supposer que je dusse les renouveler si tôt du haut de cette chaire, au milieu de ces marques d'un deuil dont vous êtes l'objet; mais puisque Dieu ne nous a pas permis de vous conserver plus longtemps, oh! qu'il entende du moins le cri de notre reconnaissance et qu'il vous rende au centuple la précieuse offrande que vous avez déposée entre mes mains en son nom et pour une œuvre qui intéresse à un si haut point son église.

L'Église, Mes Frères, M. de Saisy, l'aimait comme on aime une mère et aurait tout sacrifié pour elle. En 1860 des bruits étranges, partis de l'Italie viennent jeter l'alarme et l'indignation dans tous les cœurs catholiques. Dépouillé déjà de la plus grande et la plus belle partie de ses États, Pie IX est réduit à défendre contre des hordes sacriléges cette motte de terre qui lui reste, et où la plus grande idée de la politique et de la religion s'assied sur le trône le plus petit et le plus menacé qui soit au monde. Pie IX a besoin de soldats, mais il lui faut des soldats de forte trempe et de longue haleine, des soldats capables de toutes sortes de combats. La tâche sera rude, la lutte n'aura ni trêve ni merci. Déjà de nobles cœurs commencent à s'enrôler au service de Dieu, de l'Église et du Siége apostolique. Dans cette glorieuse phalange de soldats catholiques, où la Bretagne devait compter tant de ses courageux enfants, la famille de Saisy ne pouvait manquer d'avoir et a eu son digne représentant. De son château de Kerampuil, l'un de ses fils court faire part de ses généreux projets à son père, qui, heureux de trouver en lui ses propres sentiments, le presse contre son cœur, le couvre de baisers et de larmes, non de tristesse et de deuil, mais d'une sainte joie et d'une noble fierté que l'avenir devait justifier.

Le fils part des premiers et arrive à temps pour s'exposer à tous les coups, participer à tous les sacrifices et soutenir la lutte avec cette constance, cette énergie, ce dévouement et cette étendue d'action que l'amour seul sait employer pour défendre les choses sacrées pour lui. A partir de ce moment, le sort de la papauté devint, plus que jamais, la grande préoccupation de M. le comte de Saisy. A Rome étaient sa pensée, son esprit, son cœur!..

Et nous aussi, aimons l'Église; et, chacun dans la sphère de notre condition, de nos talens, et suivant les circonstances, prenons généreusement en main la cause de notre chère et sainte Église : c'est défendre notre propre cause.

Cependant, M. le comte de Saisy, affaibli mais non lassé par le rude labeur de la vie, approchait de sa fin. Les souffrances qu'il eut à supporter furent longues et poignantes, mais son âme, habituée à ne plier devant aucun ennemi, fut plus forte que la douleur; et Dieu, qui ne se laisse jamais vaincre en générosité, illumina sa mort d'une splendeur toute céleste. Qu'elle fut belle en effet l'attitude du noble vieillard en face de l'éternité! Il n'attend pas que le prêtre vienne frapper à sa porte, il l'appelle lui-même à son chevet, pour déposer en son sein l'humble aveu de ses fautes, afin que l'absolution descendant sur son âme la rende digne de la visite de son Dieu. Et quand le prêtre vient lui porter l'hostie vivifiante qui devait le fortifier au terrible passage du temps à l'éternité, quelle n'est pas son émotion, quand il voit agenouillé sur le seuil du château de Kersaint-Eloy le seigneur du lieu qui, malgré sa faiblesse, a voulu aller au devant de l'hôte divin qui venait lui porter les suprêmes consolations, et le recevoir dans l'attitude de l'adoration la plus profonde et de l'humilité la plus parfaite ! Tous les assistants fondent en larmes. Mais lui, le front rayonnant de foi et d'amour, ne voit que son Dieu, n'entend que son Dieu, ne respire que pour son Dieu. Enfin, l'huile sainte coule sur les membres du vaillant athlète et les arme pour le dernier combat. Et maintenant en paix avec le ciel, en paix avec la terre, en paix avec lui-même, il attend avec calme le moment de sa délivrance, la mémoire, le raisonnement, la parole fermes, et aussi vivant par l'esprit et le cœur qu'il est mourant par le corps, son crucifix, la lettre par laquelle Pie IX lui accorde l'indulgence plénière *in articulo mortis*, voilà les objets sur lesquels se portent constamment ses yeux qui ne veulent plus s'ouvrir que du côté du ciel. Et cependant, au vigoureux champion de la papauté une dernière joie est réservée ici-bas. Quelques jours avant de mourir, il apprend que le Saint-Père, en récompense de ses longs services et comme témoignage de sa haute confiance, vient de nommer son fils, le vicomte Paul de Saisy, commandant du 4e bataillon des zouaves pontificaux ; et il tressaille de bonheur en songeant que c'est un lien de plus qui attache son fils bien-aimé au siége de Pierre.

Le dimanche 27 décembre, jour de la fête de saint Jean l'Évangéliste, patron du Saint-Père, M. le comte de Saisy voulut, par dévotion et par reconnaissance, communier à l'intention du doux et vénéré Pie IX; et le soir il achevait au ciel la fête du Pontife qu'il avait aimé sur la terre, on peut le dire jusqu'à la mort. A dix heures du soir, il s'éteignai doucement et sans agonie.

Oh! mes Frères, l'éclat d'une telle mort ne couronne-t-il pas bien la vie toute de loyauté et d'honneur dont je vous ai présenté une faible esquisse? N'est-ce pas là une mort consolante, belle, digne d'envie? N'est-ce pas le cas de s'écrier : *Moriatur anima mea morte justorum; puisse ma mort ressembler à celle des saints!*

Noble famille, qui fondez en larmes, pieux enfants qui avez entouré de tant de soins et d'amour cette belle vieillesse, consolez-vous. Comment douter des miséricordes de Notre-Seigneur envers son serviteur qu'il vient d'appeler à lui? *Le royaume des cieux souffre violence et les hommes de cœur le ravissent.* Or, le rôle du courage et du courage chrétien, nous avons vu comment il l'a rempli., Et le Seigneur, qui couronne le courage, couronne aussi la charité. Or, le rôle de la charité, nous avons vu comment il y a excellé.

Oui, Seigneur, votre serviteur a combattu le bon combat, il a conservé intacte la foi de son enfance, il a terminé saintement sa longue carrière ; il ne lui reste qu'à recevoir la couronne de justice que votre bonté lui tient en réserve.

Toutefois, ô mon Dieu, *votre serviteur a participé à la fragilité commune : n'entrez donc pas en jugement avec lui, parce que nul homme ne sera justifié devant vous, si la rémission de ses péchés ne lui est pas accordée* en vertu de la Rédemption surabondante opérée par le sang de Jésus-Christ votre Fils. Écoutez donc la prière de votre Église que nous vous adressons pour lui : *et tout ce qu'il a pu contracter de taches, vous qui êtes compatissant et miséricordieux, daignez l'en purifier* par le sang de Jésus-Christ Notre Seigneur, afin qu'après ses glorieuses fatigues sur la terre, il goûte au plus tôt *cette paix qui surpasse tout sentiment* et jouisse de ce repos au sein des clartés éternelles, qui sera le partage de vos saints pendant l'éternité. Ainsi soit-il.

LE GRAËT,

Chan. hon., Supérieur du Petit-Séminaire de Plouguernével.

PLOUGUERNEVEL, le 6 Janvier 1869.

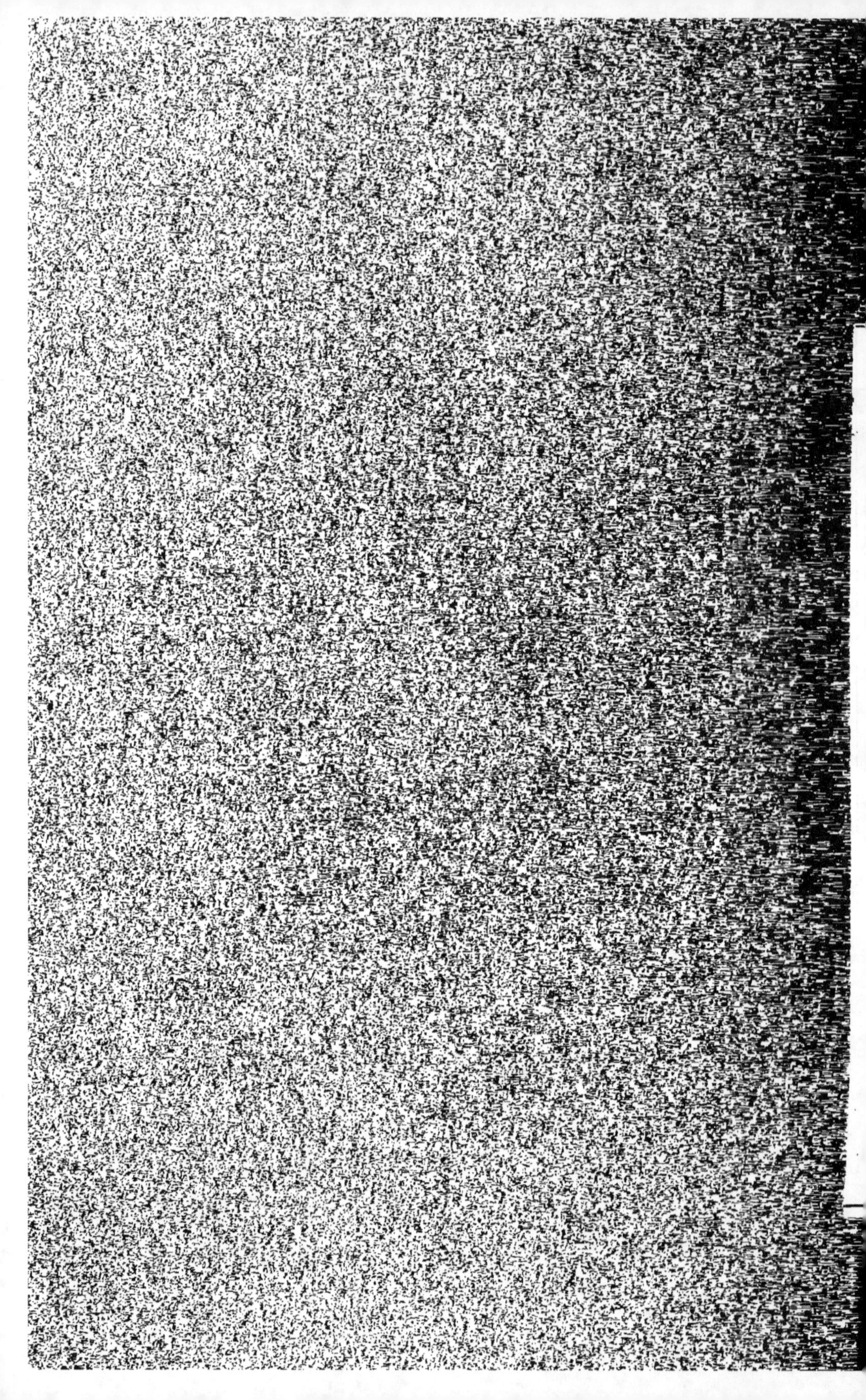

www.ingramcontent.com/pod-product-compliance
Lightning Source LLC
LaVergne TN
LVHW010304230826
846091LV00007BB/2704
* 9 7 8 2 0 1 1 7 9 3 6 0 7 *